새로 왔잔나 그의 침묵에는
벽을 아 각시 외 소금이 당신이
별 외 러 외 이 글 알고있
처음에는 당신이 을 덮 었습니다
내의 소중인걸
알았습니다
유 그 리 넘
친 씨 간 던
다 고

이우걸

1946년 경남 창녕 출생. 1973년 『현대시학』으로 등단했다. 시집으로 『저녁 이미지』, 『나를 운반해온 시간의 발자국이여』, 『주민등록증』, 『아직도 거기 있다』 등 15권이 있다.

수상으로 경상남도문화상, 중앙시조대상, 가람시조문학상, 이호우시조문학상, 이영도(정운)문학상, 김상옥시조문학상, 월하지역문학상, 성파시조문학상, 백수문학상 등을 받았으며 만해사상실천 선양회가 펴낸 한국대표명시선 100권에 시선집 『어쩌면 이것들은』이 있다.

처음에는 당신이 나의 소금인 줄 알았습니다

2016년 7월 23일 초판 1쇄 발행

지 은 이 | 이우걸
펴 낸 이 | 이소정
펴 낸 곳 | 창연출판사
주　　소 | 경남 창원시 의창구 읍성로 39
출판등록 | 2013년 11월 26일 제 2013-000029 호
전　　화 | (055) 296-2030
팩　－스 | (055) 246-2030
E-mail | 7calltaxi@hanmail.net

값 10,000원
ISBN 979-11-86871-09-6　03810

* 저자와 협의하여 인지를 생략합니다.
* 이 책의 판권은 저자와 창연출판사에 있습니다.
　양측의 서면 동의 없이 무단 전재나 복제를 금합니다.
* 잘못된 책은 바꾸어 드립니다.

*처음에는 당신이
나의 소금인 줄
알았습니다*

이우걸 시집

창연

이 도서의 국립중앙도서관 출판예정도서목록(CIP)은
서지정보유통지원시스템 홈페이지(http://seoji.nl.go.kr)와
국가자료공동목록시스템(http://www.nl.go.kr/kolisnet)에서
이용하실 수 있습니다. (CIP제어번호 : CIP2016016168)

차례

제1부

눈 / 15

다리미 / 16

밀양역 / 17

코스모스 / 18

잔나비 / 19

그대를 보내며 / 20

비 / 21

서랍 / 22

낙화 / 23

휴가 / 24

제2부

사랑 / 27

커피에게 / 28

환승역 / 29

손톱 / 30

이별 노래 / 31

빗방울 / 32

반지 / 33

목련꽃 / 34

목욕물 / 35

요즘 편지 / 36

제3부

맹인 / 39

편지·1 / 40

어머니 / 41

손 / 42

노래 / 43

지금은 누군가 와서 / 44

그대 보내려고 / 45

새벽교회 종소리 / 46

배 / 47

새벽 2시의 시 / 48

제4부

못 / 51

파도 / 52

무지개 / 53

옛집에 와서 / 54

찻집 '구월' / 55

가을 기도 / 56

단풍물 / 57

산인역 / 58

카페 피렌체 / 59

웃음 / 60

제5부

삼랑진 강둑에서 / 63

열쇠 / 64

이슬 / 65

뮤즈에게 / 66

구두에게 / 67

입술 · 6 / 68

가을 입구 / 69

익명을 꿈꾸며 / 70

방 · 1 / 71

방 · 2 / 72

제6부

겨울 항구 / 75

빈 배에 앉아 / 76

11월 / 77

새벽 / 78

종점 / 79

신문 / 80

진해역 / 81

하현달 / 82

겨울 삽화 / 83

덕유교육원 / 84

제7부

주민등록증 / 87

물 / 88

방·3 / 89

거울에게 / 90

비망록 / 91

아가 / 92

백지 / 93

벚꽃은 떨어지면서 / 94

모교 / 95

봄밤 / 96

제8부

숯 / 99

연필 / 100

매화 별사 / 101

봄비 / 102

수저 / 103

통화 / 104

안항 / 105

비누 / 106

저녁 이미지 / 107

흙 / 108

복숭아 / 109

길 / 110

■ 시인의 말 · 이우걸 / 111

그믐엔 당신이 알았습니다
나의 소금 이 쓸 을 덜 덮던
장시 외선 같은 그리움
환 각 져 레 같은 발 을 그 찟 고
새들이 외손 밭을 쪼는
부 빨

제1부

눈

처음에는 당신이
나의 소금인 줄 알았습니다

잠시 와서 가슴을 덮던
환각제 같은 그리움

돌아와 손발을 씻고

새벽 별 바라봅니다

다리미

한 여인이 떠났습니다
월요일 자정 무렵
아들, 딸은 멀리 있었고 아무도 몰랐습니다
가끔은 들렀다지만
온기라곤 없었습니다

식은 다리미처럼 차게 굳어 있었습니다
그 다리밀 데우기 위해 퍼져있던 코일들이
전원을 찾아 헤매다
지쳐 눈을 감았습니다

한때는 뜨거운 다리미로 살았겠지요
웃음도 체온도 나눠주던 얼굴이지만
전원울 잃어버리자
그만 눈을 감았습니다

밀양역

이별도 눈물을 버린 지 오래되었다

역구에는 잡담과 일회용 웃음뿐이다
그래서 나는 언제나
비 오는 날의 역이 좋다

쓸쓸히 펄럭이다 연기처럼 잦아지는

저녁노을 같은
위양 못 안개 같은
무봉사 종소리 같은

그리움의 미립자들…

코스모스

여름 한창인데 코스모스 피었습니다

진이는 철없다고 꽃들 꾸짖지만

제 맘도 먼저 가 피어

철없는 걸 나는 압니다

빗방울 때려서 고개를 숙이면

세상 힘겨워 먼저 진 꽃잎들이

헤어진 이름들처럼

그립고 애틋합니다

잔나비

강 건너 대숲 뒤엔
잔나비가 살았다
물 많던 시절에 한 메기 잡아
그 잘난 사람들 따라
잔나비는 서울로 갔다

몇십 년 살다보면
사람과 뭔 다르리
잔나비사 오늘도 휘파람을 불지만
묘하게 넘긴 처세가
이마를 벗겨놓았다

그대를 보내며

잠들거라 네가 얻은 한 평 반 영원의 집
가파른 길 어둔 골목
피땀으로 가꿨어도
가지지 못했던 단란
어제 얻어 떠나는구나

별빛 화분처럼
이마 위에 따스한 계절
무상했던 한 세상 꽃씨 몇 개
뿌려 두고
이제는 건너가거라
어서 건너가거라

비

나는 그대 이름을
새라고 적지 않는다
나는 그대 이름을
별이라고 적지 않는다
깊숙이 닿는 여운을
마침표로 지워 버리며

새는 날아서
하늘에 닿을 수 있고
무성한 별들은 어둠 속에 빛날 테지만
실로폰 소리를 내는
가을날의 기인 편지

서랍

 인내를 갈무리해온 고요한 명상의 나라, 밀회처럼 숨겨온 달콤한 비밀의 나라, 희망을 가꾸기 위해 간직해온 지혜의 나라…

 시든 꽃다발은 꽃다발이 아니다

 또다시 빚어야 할 신생의 아침을 위해

 수없이 열고 닫으며 나는 나를 다그친다

낙화

잠든 소녀 머리맡을
라디오가 지켜 선 오후

분홍빛 얼굴을 한 음악이 기웃거리다
흰 벽에 쏟아지는 뉴스와 부딪히고
부딪쳐서 피 흘리고
피 흘리며 사라지고
사라지는 얼굴을 밟고 누군가가 일어서고

그녀의 봄꿈 속에서도
복사꽃이 지고 있을까?

휴가

아직도 건너지 못한

맹독의 내일이 있다

나는 풀밭에 누워 별들은 헤고 있지만

이 지상 어느 곳에도

영일寧日이란 술과 같다

그 마음엔 늘 당신이 알았으며니다

나의 소금이 주름을 덮던

잠시 외었시간은 그리워고

란 아가외 소발을로 씻고

새로 밝이 빛발을 합니다

제2부

사랑

위험이 수반되지만
굳이 막고 싶지 않은

온몸을 관통해오는
전류 같은 피가 있다

내게도 그런 불꽃이

사시다가 떠나셨다

커피에게

나를 녹여서
너를 마시고 있다

너를 녹여서
나를 마시고 있다

덩이진 그리움까지
다 저어 마시고 싶다

환승역

깃발 들고 반겨줄 친구도 없는 곳이다
찻잔 놓고 담소할 시간도 없는 곳이다
수많은 군상 속에서
찾아야 할
길 있을 뿐

아직도 여행은 끝나지 않았다
닫힌 오늘과 열어야 할 내일의 선로
열차는 삐걱거리며
쉬지 않고 가야 한다

손톱

봉선화 꽃물들이던 손톱이 아니다
밤새 울며 물어뜯던 그리움이 아니다
용안을 할퀴며 날뛰던 후궁의 혼도 아니다

들일하다 돌아온 마음씨 착한 우리 형수님
무심코 본 손톱의 반달이 희미하다
무좀이 번져서 일까
외로움이 깊어서 일까

이별 노래

능금은 없다 능금은 없다
첫사랑 마음 같은 시월 하늘 아래
영글어 빛난다 해도
달디 단
능금은 없다

그렇다 가슴에 우렁 껍질 흩어놓고
때 되면 날아가는 우포늪 철새처럼
담담히 나를 다스릴
떨켜 같은
손이 있을 뿐

빗방울

새벽 유리창에
빗방울이 매달려 있다
그저 빗방울이다 단순한 빗방울이다
일부러 표정을 살펴 의미를 짓지 말자

빗방울이 그러나
빗방울만일 수 없는 것은
우리네 마음이 지닌 상처들 때문이다
잠들지 못하는 상처의 그 울음들 때문이다

반지

내 이제 그대 손에 반지를 끼워 보네
생각하면 길고도 짧은 저마다의 길을
건너서
언약한 마음 한 곳에
반지를 끼워 보네

야간 일 나가던 수출공단 후문에서
로션 한 통 사 바르며 오늘을 기다렸다는
그 손에 내 마음 입힌 반지를 끼워 보네

우리 삶 푼수만한 황금 두 돈 반지
다이아처럼 번쩍이고 야단스럽지 않아서
백금처럼 당돌하고 차가웁지 않아서
오히려 다가와 앉는
우리들의 금언金言이네

이월 청댓잎처럼 견디며 살아가리라
이월 눈(雪)빛처럼 담담히 살아가리라
그대와 내가 지니는
이 은은한 맹세 하나

목련꽃

월남전도 끝나고 월남 땅도 망했다지만
우리 집 뒷마루 적막한 방에는
아직도 아주머니의 월남전이 남아 있다

백마부대 손 흔들며 씩씩하게 떠난 형님
메콩강 기슭에서 군화 소리 높았어도
그 땅을 헤치고 뛰던
형님은 오지 못했다

사월이라 맑은 날 꽃구름 피어날 때
분홍 잠옷 벗어두고 어두워지면
멀어라, 깊은 그 밤을
목련꽃
홀로 진다

목욕물

기쁜 날 가슴에
달 따서 안고
목욕물 데워 놓고 머리를 감던
누이는 시집을 가서
신랑만 잃었다네

어느 전지戰地에 외아들 보내놓고
목욕재계하고 부처님께
원을 빌던
숙모님 그 아들 잃고 후살이만 갔다네

씻어도 씻어도 한만 남던 목욕물
천 원짜리 탕 바닥에
덕지때 뿌려 놓고
이 풍진 세상 넘으려
내 다시 눈감아 본다

요즘 편지

욕망의 채널을 버리지 않는 한

네 편지는 내게 닿아도

사랑을 긷지 못한다

우연히 마주치곤 하는

화장품 같은 단어들... 일 뿐

그림은 비록 당신이 알 수 있습니다
나의 소금이 슬픔 덩어리
잠시 외시 있는 것은 그 씨를
란이 각 제 같은
새로 박이 외손
박 빨 바람

제3부

맹인

맹인은 사물을 손으로 읽는다

손은 그가 지닌 세계의 창이다

마음이 길을 잃으면

쓸쓸한 오독誤讀도 있는

눈 뜬 우리는

또 얼마나 맹인인가

보고도 만지고도

읽지 못한 세상을

빈 하늘 뜬구름인양

하염없이 바라본다

편지 · 1

흐린 불빛 아래 편지를 쓰고 있다
네게로 건너가는 변함없는 이 온기
냇물에 잠겼다 뜨는
내 상념의 피라미 떼들...

인적 죄다 끊긴 성당
어느 뒤 뜨락의 담쟁이 젖은 잎들이
수녀처럼 묵상에 잠긴
그 시간 어둠 속에서
하나 둘
별이 돋듯이

어머니

탱자나무 울타리 길
향나무 샘물 고인 곳
반 보시기
보리쌀
행주치마로 훔치던 눈물
바닥난
인내도 일구어
서릿발로
견디시다

손

오선지에 닿으면
떨리는 음률이 되고
그대 곁에 앉으면 진초록 파도가 되는
손 하나
우리 붙잡고
대로에 그냥 서 있자

이 손의 내력을
아무도 묻지 말자
어둠을 빙자해서 피 묻은 죄를 짓고
오늘 와 만났다 해도
그냥 미더워하자

햇살은 나뭇가지에
헤픈 웃음을 날리고
거리는 바쁜 발길로 화덕처럼 뜨거운데
우린 왜 섬이 되어서
정처 없이 떠도는 걸까

노래

내 반 뼘 손끝에다
꽃씨를 쥐어주고
그 꽃씨가 자라서
꽃이 피길 기다리는
연이는 박꽃 가시내
꽃만 보고 피는 꽃

안타깝게 부르다가
메아리만 돌아오면
지등도 졸던 밤을
소리 없이 열고 나와
서린 願원 불 밝혀 들고
홀로 버는 꽃 이파리

지금은 누군가 와서

차단된 가슴 사이에
두 개의 잔이 놓이고
떨리지 않는 손이 친절처럼 가득해 올 때
만남을 포기한 나는
저 가면의 잔을 쳐든다

설익은 눈빛까지도 웃음으로 부딪쳐 와서
얼마쯤 뜻을 만드는
이 무서운 응접실에서
무수히 고용 당해 온 한 세대의 시간이여

슬픔이 슬프지 않고
기쁨이 기쁠 수 없는
잃어버린 우리 향방의 차디 찬 배경 속으로
지금은 누군가 와서 돌아가는
바람이 분다

그대 보내려고

그대 보내려고 강가에 나온 날은
수초도 머리 풀고 마음을 흔드는가
이런 날 내 시선 속엔
바람마저 정처 없다

지는 꽃잎에도
남아 우는 수신樹神의 몸짓
조용히 무늬 지는 강심江心의 정수리엔
혼자서 맞을 길 없는 슬픔이 찬란하다

가을을 쓸고 섰는데 원정園丁의 그림자처럼
광란도 머물다 뜨는
가혹한 적막 속을
그 뉘의 유념이련 듯 낮달 하나 떠 있다

새벽교회 종소리

새로 여는 이승 하늘을
기도 같은 음결 하나
그 파신破身의 울음이 절며 찾아 나선 세상에는
희디흰 거부의 손만 버섯처럼 눈을 뜬다

문 열어라 문 열어라
문 열어라 문 열어라
십 리 밖 가슴속까지 병이 되어 깊어 와도
철망鐵網의 우리 담장엔 살을 에는 바람이 산다

결국은 동구 밖쯤서
물소리로 섞이고 마는
우리네 가슴에 와선 한 번 물어보지도 못하는
때 없이 선량하기만 한
저 공복의 종소리

배

정박지를 몰라서 방황하긴 했지만
내 배는 언제나 사랑을 싣고 다녔네
계절은 그 부두에서
새 리본을 달고 있었고

갑판 위에 눈이 내리고
햇볕이 쟁쟁거리고
기대선 마음 한편엔 뚝뚝 낙엽이 지고
알았네, 그 여정에도
사랑이 소중한 것을

길은 때로 파도였네
또 때로는 폭풍이었네
헤진 마스트의 여백을 바라보면
내 몸을 휘저어 나간
시간들의 얼굴이 있다

새벽 2시의 시

우연히 잠이 깨어
방 안을 바라보니
아내는 꿈속에서도 곗돈을 넣고 있고
진이는 팔을 벌려서
어느 섬에 닿고 있다

나는 이 풍경을
백지 위에 담고 싶다
저 부르튼 입술들의
무사한 귀가에 대한
감사의 불을 밝히는 부질없는 제의祭儀여

제4부

못

머뭇대고 망설이는
내 삶의 꼴이 미워서

못을 칠 땐
기를 쓰고 아내가 망치를 든다

들고선 못의 정수릴

수없이 두들겨 팬다

파도

은목서 잎사귀에도

달빛이 스며들었다

텅 빈 등의자여 잠이 든 가옥家屋이여

그대의

혈관 속으로

유황빛

말이 달린다

무지개

무지개가 피었다
선연한 칠색 레이스

작은 숲과 마을들이
번뇌에 잠겨 있는데

우리가 이고 서 있는

허망한

꿈의

높이

옛 집에 와서

1
간밤엔 등불을 켜고
주인이 책을 읽었다
그 어떤 삽으로도 퍼낼 수 없는 어둠들이
명상록 페이지마다
가득가득 담겨 있었다

2
별들이 떠 있고
식구들은 잠들었지만
정원의 수목들이 가지를 뻗는 사이에
수심은 일 센티쯤씩 웃자라고 있었다

3
청기와 골 깊은 인심
풀 나고 바람 불어
시멘트 바닥처럼 싸늘한 마당으로
달빛은 유년의 기억만 연신 퍼붓고 있었다

찻집 '구월'

사월이 솜사탕처럼 가슴에 스며든다
거리의 소녀들은 철쭉처럼 피고 있는데
우리는 난간에 서서
찻집 '구월'을 생각한다

어눌한 시인과 그 아내가 앉아서
무슨 한의 물레를 잣듯
찻잔을 닦고 있던
암갈색 카페트빛의 그 찻집의 고요를

시인의 아내는 가고
'구월'의 문도 닫히고
거리의 소녀들은 철쭉처럼 피고 있건만
머물 곳
없는 구름은
빈 하늘을 떠돌고 있네

가을 기도

달빛을 밟으며 묵묵히 뜰에 서보면
당신은 너무나 잃은 것이 많은 남자
계단을 스쳐 흐르는
저 시간의 물소리여

들어와 소등을 한다 얼굴을 가리기 위해
가을밤은 그러나 그림자를 키우고
나는 또, 우수를 이겨
한 편의 시를 쓴다

생각하면 적요란 빈자가 누리는 일등―燈
영원을 꿈꾸며 잠들고픈 머리맡에
오늘은 또 누가 와서
꽃씨를 두고 갔으면

단풍물

가을에는 다 말라버린
우리네 가슴들도
생활을 눈감고 부는 바람에 흔들리며
누구나 안 보일만치는
단풍물이 드는 갑더라

소리로도 정이 드는
산 개울가에 내려
낮달 쉬엄쉬엄 말없이 흘러 보내는
우리 맘 젖은 물속엔
단풍물이 드는 갑더라

빗질한 하늘을 이고
새로 맑은 뜰에 서보면
감처럼 감빛이 되고
사과처럼 사과로 익는
우리 맘 능수버들엔
단풍물이 드는 갑더라

산인역

8월 하순
다 낡은 국밥집 창가에 앉아
온종일 질척이며 내리는 비를 본다
뿌리도,
없이 내리는
실직 같은 비를 본다

철로 건너편엔 완만한 산자락
수출처럼 부산하던 철쭉꽃은
지고 없는데
살아서 다졌던 생애의
뼈 하나 묻히고 있다

카페 피렌체

여기 내 사랑의 피렌체가 있다

두오모 대성당이 기도하며 간구해온

일용할 안식과 평화가

여기 깃들어있다

거리에 눈, 비 오고

성근 마음 펄럭일 때도

티본스테이크를 즐기는 여행객처럼

단테와 마주 앉아서

나는 차를 마신다

웃음

향그런 찻잔 속에
웃음이 담겨있다
웃음은 화사한 인화성 물질이다
서서히
내부를 뎁히는
섬세한 신경세포

어둠이 미처 못 지운
잔광 몇 올들이
호수에 뜬 수련 잎처럼
둥글게 원을 그릴 땐
날이 선 그대 눈빛도
잠시 꿈에 젖는다

그림에는 담신이 알 수 없습니다

의 소금 있음을 넘던

잠시 됐서 갓은 그리움으로

란 각 제 갈은 받을 록씻으

물 아 외 손 밭

새벽 별
리 보냅니다

제5부

삼랑진 강둑에서

돌이라고 만져보면

모래처럼 퍼석이고

돌이라고 만져보면

모래처럼 퍼석이고

뿌리를 얻지 못하는

한 마음의

초상화여

열쇠

세상은 고비 때마다
열쇠를 만든다
평범한 사람들은 그 열쇠를 볼 수가 없고
영악한 몇 사람만이
피 흘리며 뺏어 가진다

시간이 지나고 보면
열쇠란 재앙 같은 것
못 가져서 평온했던 가난한 손길들이
가져서 상처를 지닌
영혼을 보살핀다

이슬

그 섬섬한 눈빛이 닿아
고이어 맺힌 하늘
헤일수록 깊어만 가는
이 미명의 풀잎 위로
옷자락 사려 밟아 온
은하 너머 꽃이 피네

벼랑 끝 후조候鳥깃에
아슴히 타던 노을
돌아와 칠흑에는
불빛으로 밝혔건만
지척도 되돌아 나눈
천만 갈래 하늘이여

뮤즈에게

오늘밤 그대를 섬기기 위하여
나는 시방 몇 자루의 촛불을 예비하오니
덧없는 그림자에도
한 가슴 묻어나길

언덕에서 바라보면
저녁노을 같은 이름
거리에서 생각하면
휴지 조각 같은 이름
지난 날 내 창변에선
별빛으로 쌓이던 이름

그 이름 마디마다
고여 오는 음성을
나는 아직 목말라 기다리고 있나니
빈 거울 바라다보며
흰 백지로 우나니

구두에게

오늘은 밟히어도 내일은 일어서리라

눈치 없는 오기가 먼 길을 가게 하지만

그것이 너를 벼리어

다시 맞을 아침이 되리

입술 · 6

뒤척이는 새벽강 잠재워 놓고 나니

목마른 이승 하늘

갑자기 두려워지네

천근의 무게를 빙자해

내가 채우는 쇠통 하나…

가을 입구

가느다란 가지 끝에 앉아 있는

한 마리 새

이윽고 바람은 일어 가지들이 흔들릴 때

저 새는 무엇을 향해

또 어디로 떠날까

익명을 꿈꾸며

저녁에 사람들은 돌아와 눕는다
고요의 이불 아래 꿈꾸며 눕는다
하나씩 갖고 들어온
이름도 함께 눕는다

떡갈나무 잎사귀 위에
이슬방울 흔들리듯
마음 둔 데 없이 이름이 흔들릴 때도
세상은 바람이라고
묵묵히 따라 걸었다

이제 이마 위에

칠흑 포근하고
소망처럼 하늘엔 별들이 돋는 시간
우리는 돌아누우며
얼굴을 묻어 본다

방 · 1

아무나 이곳에 와서
신발을 벗지 못한다

영육의 문신을 온몸에 나눠 새기며

꿈꾸는
사람들끼리만
백성이 되는
나라

방·2

그림자 같은 육신

빈 공간에 뉘어 놓고

체온이여 체온이여

주인은 어디 갔니?

새벽별 먼저 만나러

산 너머 가고 없니?

새로운 아침과 손바람으로 찬란
랑잠각시 외칸같은 발을 그 씨을
나의 소근임을 덮던
그림음에는 당신이 알았읍니다

제6부

겨울 항구

어둠의 사슬에 묶여 포구에 갇힌 선박들
오리무중의 내일을 기다리며
여인숙 하수구들은
병든 낭만을 방류한다

강철처럼 단단한 수평의 껍질을 깨고
아침마다 비상할,
불꽃의 새는 없을까

시간은 현관 앞에서
구두끈만 만지고 있다

빈 배에 앉아

1
빈 배에 앉아 바다를 바라보니
달빛은 탄피처럼 어둠 속에 박히는데
누군가 머언 곳에서
안타까운 손을 흔든다

제 가진 전신으로
한 하늘을 건져 내려고
제 가진 전신으로
한 바다를 건져 내려고
등대는 떨리는 손을 허공에 걸어 놓았다

2
외로운 사람들이
파도를 지키는 동안
바다는 많은 울음을 그 가슴에 묻었지만
시대는 표정도 없이
그들을 비켜 갔다

11월

무딘 감성이 꾸역꾸역 토해내는

시든 형용사 같은

철 지난 부사 같은

이제는 더 줄게 없어

돌아앉은 퇴기 같은

새벽

기다리는 사람에게만
새벽은 새벽이 된다
봉두난발 상처뿐인 제 가슴 쥐어뜯으며
유백의 찻잔을 만드는
어느 도공의 기도처럼

길은 아직 헝클린 채로
안개 속에 묻혀 있는데
오늘이 펼쳐주는 희디흰 여백 위에
새로운 출발을 권하는
아 숨 가쁜 초인종이여

종점

몇 사람은 아직도 깨어나지 않는다

기사가 화를 내며 고성을 질러보지만

아무런 미동도 없이 잠에 빠져 있다

하루치 생의 비용이

저렇게 무거운 것인가

하루치 생의 그늘이

저렇게 깊은 것인가

창밖엔 어둠을 밀치며

가등街燈들이 불을 뿜는다

신문

사람들의 말 속에는
언제나 갈퀴가 있다
타고난 포유류의 야성을 감춰보지만
급박한 상황 앞에선 얼굴을 들고 만다

그런 아침 식탁에 앉아
우리는 신문을 본다
활자들이 건져 올리는 불바다의
세상 속으로
화농의 상처 입으며
꾸역꾸역 걸어간다

진해역

시트콤 소품 같은 역사 지붕 위로
누가 날려 보낸 풍선이 떠 있다
출구엔 꽃다발을 든
생도 몇 서성이고

만나면 왈칵
눈물이 쏟아질 듯한
오랫동안 잊고 살았던
그 순백을 만나기 위해
이 나라 4월이 되면
벚꽃빛 표를 산다

하현달

낡은 일기장에 낙서처럼 남아 있는

개잔디풀 같은 것아

머리 푼 우수야

오늘밤 잠도 버리고

젖은 너를 본다

겨울 삽화

아내는 저녁마다
배를 만들고 있고
파도는 언제나 우리 가족의 오락
드넓은 해안을 향해
날개를 펴고 있고

향나무가 보이는
창가에 나와 앉아서
필리핀의 정세와 사설을 읽는 동안
부엌엔 평일과 같이
연탄이 타고 있다

침묵은 언제나
침묵으로 대응되는 것
혜진이가 그리고 있는 남국의 오렌지처럼
당신의 종이배 위엔
안 보이는 슬픔이 있다

덕유교육원

영산홍 꽃잎들을
바람이 흔들고 있다
넋 나간 여인은 치맛자락만 날릴 뿐
계단에 흩어진 신발도
정돈하질 못한 채

물은 흐르면서
노래를 남기고
그 노래 감돌아 정원은 향기롭고
하늘이 너무 맑아서
마을엔 잔치가 있네

그림은 마음에는 당신이 알았으던
장미의 속금이 있음을 더듬음
나시 왔어 깃문 그리고
활짝 아가리 같은 볼을 그 씻고
새롭은 아외손 발 라일락

제7부

주민등록증

가느다란 가지 끝에
새처럼 앉아 있었다
가지들 흔들릴 때면 옮겨가며 앉아 있었다
옮겨간 그 가지마다 너는 나와 함께 있었다

이제 남은 반백과 희미해진 지문 앞에서
손 흔들 사이도 없이
빠져나간 시간 앞에서
나라고 외치는 너를 물끄러미 바라본다

지상에서 나의 기거를
증명해온 기록이여
숨 가쁘게 달려온 내 삶의 향방이여
수십 번 넘어지면서도
웃고 있는 얼굴이여

물

식은 채로 병 안에

나는 갇혀 있다

한 때 나를 지켜주었던 견고한 이 질서가

지금은 나를 죽이려

뚜껑을 닫고 있다

방 · 3

내가 그리움에 철없이 눈을 떴을 때
방이여,
너는 말없이 창문을 열어 주었다
그 곳엔 초설을 맞는
나목들이 서 있었다

내가 증오에 철없이 눈을 떴을 때
방이여,
너는 말없이 커튼을 드리웠다
그 곳엔 사유를 위한
촛불이 켜져 있었다

거울에게

오랜만에
창 앞에 서 있는 기분이다
나는 네 가슴에 고스란히 담겨 있다
그만큼 너는 따뜻이 나를 감싸준다

그러나 생각해 보면
나는 하나의 은유
네가 이미 짜놓은 세계의 하늘 속에
우연한 깃발이 되어
나부끼고 있을 뿐…

비망록

분꽃이 피어서
봄도 이미 지고 있다
버스는 공룡처럼 아가리를 벌릴 때마다
공단의 근로자들만 토해 놓고 지나간다

기다리던 사람은
아직도 오지 않아서
주소가 잘못 기재 된
연인들의 편지처럼
남의 집 우편함 곁에 비를 맞고 서 있다

아가雅歌

그를 생각케 하는 오월 그네 위에
등꽃은 하염없이
하늘로만 열려 있고
나는 그 무지갤 보며 가슴을 다독인다

신은 알고 있을까,
숨어서 부는 피리를
미풍 하나에도 신경의 올실 같은
머플러 분홍 빛깔이 바람에 젖는 것을

봄비처럼 그대는
내 언저릴 돌다 갔지만
나는 그대를 향해 단조의 피리를 분다
끊어진 소식을 향해
노을빛 피리를 분다

백지

백지는 백지일수록

횡선을 그리워한다

닿으면 몸 사리고 돌아누울 표정이지만

기약도, 없는 봄날을

마음은 징처럼 울어

벚꽃은 떨어지면서

벚꽃은 떨어지면서

제 살을 흩는다

탈색된 울음이 쌓이는

나무 아래로

철 지난 유행가들만

우르르 몰려다닌다

모교
-부곡초등학교

아편 같은 봄 햇살에
실눈을 떠보면
배급우유 억지로 먹고 토해내던 개울가엔
아직도 말 수가 적던
내 짝지의 신발이 있다

바람은 자주 나뭇가질 흔들고
나뭇가지가 가리키던 끝없는 하늘길로
수만 번 새겼던 희망
돌팔매로 날리던 그 곳

봄밤

봄밤이 피어서 유채꽃밭 같다

봄밤이 익어서 딸기잼 색깔 같다

봄밤이 너무 깊어서

두고 못 올

살결 같다

제8부

숯

박명薄明의 저녁 한때
그대의 뒷모습
불켜지 말아요
가꿉시다 어둠을
때로는 이런 시간이 얼마나 소중한데요

당신은 어둠에
어깨를 묻고 있다
당신은 어둠에
가슴을 묻고 있다

그러나,
그 어둠 속에서
무언가를 달구고 있다

연필

아직도 시를 쓸 때
나는 연필이 좋다
써서 간직하기보다 지울 일이 많아서
지우다 또 생각나면
다시 쓰기 쉬워서

새벽에 일어나 연필을 깎으면
목질木質이 전해주는
숲의 향기 같은
잠 덜 깬 나를 흔드는
맑디맑은 숨결이 있다

매화 별사別詞

춥지요, 춥지요,

당신 기다리며

언 마음 꽃이 된 삼월이 있었습니다

내 다시 창가에 와서

그대 이름 불러 봅니다

봄비

그것은 신의 나라로
열려 있는 음악 같은 것

불타는 들을 건너서 얼음의 산을 넘어서

돌아와
가슴에 닿는
깊은 올의 현악기

텅 빈 벤치에서도 시멘트 벽 속에서도

수없이 잊어야 했던
가난한 이름들을

이 밤에 모두 부르며
봄비는 길을 떠난다

수저

목마른 길을 건너서
네가 왔다 식탁 위에
데친 배추나물 조린 잔멸치들
그것이 눈물인 것을 너는 알고 있다

간사한 입맛과
짐승 같은 목구멍으로
한동안 네 노동은 바닥없는 탐욕이지만
땀 젖은 구두를 보면
다시 아득해진다

통화

명퇴당한 아버지와 재수생 딸이었다

얼음강을 건너오는 저 맨발의 음성 속에도

어둠을 딛고 일어설

강철 같은 봄이 있었다

안항雁行

저 벽공 야픔을 깨고

날아가는 나래 뒤엔

시월 상달 서리 묻은 열두 점 밤 밤하늘의

정 하나 달처럼 두고

길이 바쁜 이별을 본다

비누

이 비누를 마지막 쓰고
김 씨는 오늘 죽었다
헐벗은 노동의 하늘을 보살피던
영혼의 거울과 같은
조그마한 비누 하나

도시는 원인모를 후두염에 걸려 있고
김 씨가 쫓기며 걷던 자산동 언덕길 위엔
쓰다 둔 그 비누만 한
달이 하나
떠 있다

저녁 이미지

은회색 연기들이
마을을 싸고 있었다
미처 깨닫지 못한 이승의 깊은 비애가
비워 둔 서편 하늘에
노을로 엉켜져 있고

꽃들은 지고 있었다
또 꽃들은 피고 있었다
빈 들에 놀고 있던 하느님의 새들은
진흙과 잔가질 물고
집으로 가고 있었다

가난한 식구를 위해
두 손을 모은 어머니
주기도문 몇 음절이 문틈으로 새어나가는
그 작은 불빛을 향해
아이들은 오고 있었다

흙

이슬을 이고 있는
봉분들을 볼 때마다
기댈 데 없는
생애의 우수를 읽곤 하지만
역사는 흙의 증언과 내밀히 동행해 왔다

내밀히 동행해 왔다 뼛속 깊이 동행해 왔다
저 적분의 통한도 군왕들의 탐욕도
다 담아 가슴에 안고
지금은
말이 없지만

복숭아

연지 찍은 조선백자 기다림의 살결이다

유약과 불바다의 격려와 시험을 건너

수지운 미소를 입고

따스한 체온도 지닌

길

시간이란 동물이 또아리를 틀고 있다

내 의지는 시간을 타고

길을 만들 것이다

길이란 사랑이 흘린

피의 궤적이다

시인의 말

 비가 내리고 있다. 우포에 짐을 옮기고 난 후 아무 생각 없이 시간을 보내고 있다. 좋은 일이 찾아오리라 생각하지만 가까운 사람이 아프고 약간은 우울하기도 하다. 나는 아무 생각 없이 내리는 빗방울들을 세고 있다. 아주 옛날에도 결정적인 순간엔 늘 비가 왔다. 나는 비를 무척 좋아했고 그래서 비는 내게 운명 같은 것이라고 생각했다.

 오래 곁에 둔 작품들을 다시 엮는 이 시도는 오래된 연서를 다시 꺼내 보이는 것 같이 계면쩍지만 한편으론 잊었던 나를 오랜만에 보는 것 같아 즐겁기도 하다. 나는 이런 음색으로 그대에게 편지를 띄워왔구나 하는 자각이 황혼의 길섶을 적신다.

 구상나무, 노각나무, 풍나무 잎들이 빗방울을 달고 나를 본다. 아직 사랑으로 열고 가야할 길이 있으므로 저 초록의 말씀을 내 것으로 하여 가지려 한다.

2016년 7월 우포에서 이우걸